CHARLES SELLIER

CURIOSITÉS

DU

VIEUX MONTMARTRE

LES MOULINS A VENT
LA PORCELAINE DE CLIGNANCOURT
LE MONT-MARAT

PARIS
IMPRIMERIE JOSEPH KUGELMANN
12, Rue de la Grange-Batelière, 12

1893

CURIOSITÉS DU VIEUX MONTMARTRE

CHARLES SELLIER

CURIOSITÉS

DU

VIEUX MONTMARTRE

LES MOULINS A VENT
LA PORCELAINE DE CLIGNANCOURT
LE MONT-MARAT

PARIS
IMPRIMERIE JOSEPH KUGELMANN
12, Rue de la Grange-Batelière, 12

1893

Extrait de l'*Aurore du XVIII*e
du 27 mai au 15 juillet 1893
Tiré à 200 exemplaires

CURIOSITÉS
DU
VIEUX MONTMARTRE

LES MOULINS A VENT

I. — Influence des Moulins à vent sur les Lettres et les Arts

Si l'on jette les yeux sur le plan de Roussel de 1730 — dont l'étendue permet de se faire une idée assez exacte de la vue à vol d'oiseau du Paris d'autrefois et de sa banlieue—on est frappé de l'innombrable quantité de moulins qu'on y voit pour ainsi dire fourmiller, notamment sur les hauteurs. On se figure alors sans peine de quelle façon supérieurement pittoresque le branle aérien de tous ces moulins devaient jadis animer le panorama parisien, déjà si plein de charme. On comprend aussi que la butte Montmartre, véritable joyau de cette magnifique ceinture, offrant, par son altitude, une plus large et plus libre prise d'air, dût voir de bonne heure sa croupe envahie par cette armée de tours éoliennes, dont le seul aspect eût vraiment déconcerté le plus intrépide des Don Quichotte.

Or, quelle séduisante impression, l'aspect d'un tel état de choses devait produire dans la réalité, si les images qu'on en a conservées, quelque froides ou imparfaites qu'elles soient, peuvent encore éveiller l'imagination ! Il appartenait assurément aux poëtes d'en laisser des témoignages. Regnard, qui du balcon de sa maison sise à l'angle du boulevard et de la rue Richelieu, se trouvait alors aux premières loges pour voir la campagne devant lui, les marais potagers de la Grange-Batelière et le ruisseau venant de Ménilmontant, nous en garde, dans ses vers, un tableau très frais et très appétissant, mais qui représente avant tout la riante colline de Montmartre,

Où de trente moulins les ailes étendues
(Vous disent) chaque jour quel vent chasse les [nues (1).

Bien avant Regnard, Le Tasse aussi, on ne s'en serait guère douté, a payé son tribut à Montmartre et à ses moulins. Avouons encore que nous ne l'aurions peut-être jamais su, si nous n'avions lu le *Paris démoli*, d'Edouard Fournier.

Le Tasse était venu à Paris en 1570, à la

(1) Regnard, Epître IV.

suite du cardinal Louis d'Este, ambassadeur près de Charles IX, et il transmettait à ses amis de Ferrare ses impressions sur ce qu'il avait vu. Il paraît qu'il n'avait pas beaucoup admiré. Il aurait surtout médit de notre climat changeant et incertain, en harmonie si parfaite avec l'humeur des habitants. Nos sites brumeux lui semblaient d'une monotonie terne et désespérante. Quelques clochers seulement attiraient tout au plus son œil blasé d'Italien, habitué aux perspectives chaudes et lumineuses de sa patrie. Mais ce qui le dédommageait le plus du vent qui, pour girouette expressive, rencontre avant tout les têtes parisiennes, c'est la multitude de moulins dont son haleine est l'âme, et qui tournent et virent si gentiment sur les hauteurs de Montmartre (1).

Un siècle après Regnard, Montmartre et ses moulins n'inspirent plus à la Muse, devenue poncive, que des rimes en haillons : exemple, ces quatre vers de Lebrun, le plus officiellement académique des soi-disant poètes, mais surtout le moins lyrique, au sujet du *Triomphe de nos paysages* et de notre chère butte :

La colline qui, vers le pôle,
Borne nos fertiles marais,
Occupe les enfants d'Eole
A broyer les dons de Cérès.

---

(1) Edouard Fournier, *Paris démoli* (2e édition). Paris, 1855, in-12, p. 225 à 229.

Et maintenant que les derniers moulins de la butte ont cessé de se mouvoir, ce ne sont pas encore les sympathies de la littérature qui leur font défaut ; sans compter les romans dont ils ont fourni la scène, ni les refrains dont ils ont défrayé la chanson, que d'hommages la Muse ne leur a-t-elle pas prodigués ! Que de poètes sont venus, de nos jours, bercer leurs rêveries au balancement de leurs ailes ! Avec Gérard de Nerval, qui a laissé, dans sa *Bohème galante*, les quatre plus délicieuses pages qu'on ait jamais écrites sur Montmartre, nous voyons surtout apparaître son charmant ami, Auguste de Chatillon, qui maniait le ciseau et la brosse aussi bien que la plume, et la plume d'une façon si distinguée ! Auguste de Chatillon habitait alors l'impasse des Tilleuls, juste en face des trois derniers moulins de la butte, suivant lui,

> Les trois plus joyeux peut-être
> Qu'on voyait de sa fenêtre.

Et c'est sans doute en souvenir d'un de leurs anciens meuniers, qu'il a consacré cette exquise et mélancolique poésie intitulée : *En ce temps-là* :

> Pauvre Jacques ! ton vieux moulin
> Crépitait au vent, sur la butte,
> Et quand je heurtais à ta hutte,
> Le soir, pour boire un pot de vin,
> Aussitôt tu m'ouvrais ta porte,
> Joyeux, tu me serrais la main.

Pauvre Jacques ! ton vieux moulin
A des jours heureux me reporte...

. . . .

Depuis dix ans je ne t'ai vu :
Tes cheveux étaient blancs de neige...
Bon meunier, qu'es-tu devenu ?
Bon meunier, que Dieu te protège !

Après de Chatillon, voici Charles Monselet, avec les *Souliers de Sterne*, reproduisant la liste des moulins au siècle dernier : intéressant inventaire déjà fourni par le docte baron Michel de Trétaigne, le maire historiographe de l'endroit. Puis voici André Gill, le caricaturiste-poète, une véritable antithèse. Il avait choisi pour villégiature les tonnelles d'un cabaret situé à l'angle du chemin des Saules et de la ruelle Saint-Vincent (1) *Alas ! poor Yorick* ! Lui aussi a voulu chanter son moulin ; mais *la Muse à Bibi* a mis pour la circonstance un crêpe à sa crécelle, et siffle, avec des grincements de dents, un

(1) En ce temps-là, ce cabaret était tenu par le père Salze. Gill en avait peint l'enseigne sur un volet : *Un lapin debout, s'échappant d'une casserole, coiffé d'une casquette de soie à trois ponts, et tenant en équilibre une bouteille sur une de ses pattes de devant.* Ce panneau n'était pas signé ; on avait écrit au dessous, tout simplement : *Au lapin agile*, un calembour reconnaissant. Le cabaret existe encore ; mais l'enseigne de Gill n'y est plus, une copie la remplace.

*

air lugubre de Sabbat : il semble que la ronde maudite s'anime au son d'un glas :

. . . .
Et qu'on entende, reins cassés,
..Chahuter, parmi la tempête,
Un bastringue de trépassés
Dans le moulin de la Galette.

Heureusement, pour nous remettre en plus consolante humour, il nous reste René Ponsard, ce vénérable barde, dont l'âge n'a nullement émoussé la verve, et n'empêche encore de risquer quelques rimes guillerettes à l'adresse de :

.... cet endroit, où, j'en réponds,
. . . .
Il se fripe plus de jupons
Qu'il ne se blute de farine.

Au temps qu'il était marin, Ponsard en a vu et chanté bien d'autres ! Qu'on lise plutôt ses *Echos du bord.*

Mais il faut en passer, des meilleures sans doute, et nous en tenir là... Bientôt la butte, se modernisant de plus en plus, avec ses derniers buissons, verra partir ses derniers poètes. Déjà leur doyen d'âge a donne le signal du départ, c'est le vieux Savinien Lapointe, pour qui « Montmartre sans ses moulins, c'est Strasbourg sans son clocher (1). » Avant peu la butte n'aura plus de pinsons !

(1) Voir l'article intitulé *Montmartre autrefois*, par Savinien Lapointe, dans le journal *Paris-Montmartre,* année 1883, n° 16.

Que d'artistes aussi, peintres, dessinateurs, sont allés, là-haut, s'inspirer des aspects si variés et si agrestes de notre vieux Montmartre ! Sites presque entièrement effacés aujourd'hui, mais dont l'impression fidèle survit dans quelques-unes de leurs œuvres les plus originales. Sans remonter plus haut que notre siècle, c'est d'abord Charlet, puis Chintreuil, puis Corot et Charles Jacque ; mais c'est surtout Georges Michel, cet artiste pauvre, bizarre, dont le succès fut un succès posthume : Georges Michel qu'à juste raison l'on a surnommé le *Ruysdaël de Montmartre*. Il avait trouvé là sa Campagne romaine.

Dans ce petit coin jadis animé de moulins, d'ânes et de mulets, accidenté d'escarpements broussailleux, de pentes vertes, de mares et de carrières, Michel avait découvert une variété infinie de sujets d'études, vers lesquels il revenait toujours avec la même prédilection. Aussi ses dessins les plus personnels sont ceux qui profilent sur le ciel la butte et ses moulins. « Rien de plus intéressant, dit « M. Alfred Sensier, le biographe admira- « teur de Georges Michel, que ces dessins- « là, modelés comme des articulations « sculpturales de Puget ; on y voit, en « quelque sorte, les ailes des moulins « tourner et craquer sous le vent, et leurs « lourdes charpentes osseuses dessiner

« sur le ciel toutes les lignes pittoresques
« qu'il a plu aux orages, aux bourrasques,
« aux coups de soleil de leur infliger (1). »
Malheureusement les tableaux de Michel n'étaient guère recherchés ni guère payés de son temps; depuis lors, ils sont beaucoup mieux appréciés ; on les paye, sinon un prix élevé, du moins un prix honorable. Ce sont surtout les artistes qui les achètent.

Aujourd'hui, le peintre des moulins de Montmartre c'est Willette, cet extraordinaire et délicieux croqueur, dont le genre à la fois macabre et coquet, participant du délire et de la fantaisie, semblerait procéder de Holbein en même temps que de Watteau et de Fragonard, s'il n'était absolument le genre Willette. Avec Willette, les moulins de Montmartre prennent des allures mystérieuses et fantastiques; tantôt moulinets ironiques perchés dans le lointain, tantôt moulins vampires, véritables visions échappés d'un cauchemar, ils projettent, sur les scènes échevelées et fugitives de son œuvre, un effet étrange et saisissant.

II. — Les Moulins historiques

Comme toutes choses, les moulins ont leur histoire. Il y a même des moulins

(1) Alfred Sensier, *Etude sur Georges Michel*, Paris, 1873, in-8°, p. 71.

historiques, et Montmartre a l'honneur d'en compter quelques-uns. Plus d'une fois, en temps de guerre, leurs tours débonnaires ont servi de postes d'observation : témoin le moulin, situé alors à peu près au même endroit que là où il en existe encore aujourd'hui, auprès duquel, le 22 juillet 1358, se rendit le fameux prévôt des marchands Etienne Marcel, et où il resta deux heures durant, pour épier et surprendre les mouvements des bandes de mercenaires qui ravageaient les faubourgs, et contre lesquels il dirigeait une expédition, de concert avec Charles de Navarre, un bien suspect allié (1). Malheureusement cette expédition aboutit à un désastre.

Vers la porte St-Honoré, une troupe de Parisiens tomba dans une embuscade et fut en partie massacrée. Le mot de trahison courut aussitôt de bouche en bouche, si bien que le roi de Navarre jugea prudent de se retirer à St-Denis, abondonnant le prévôt qui, après être resté encore quelque temps à Montmartre, rentra dans Paris, où il fut accueilli par des huées et des cris de colère. La popularité d'Etienne Marcel reçut ce jour-là son coup mortel.

---

(1) F.-T. Perrens, *Etienne Marcel* (collection de l'Hist. générale de Paris), 1874, in-4° p. 289 ; *Les Grandes Chroniques de France* publiées par Paulin Pâris, Paris 1838 in-12 t. VI, p. 129.

Plus d'une fois aussi, bastions improvisés, les plateformes de nos moulins ont été autant de positions chaudement disputées. Tel fut sans doute le moulin à vent situé près de la Chapelle, où Jeanne d'Arc livra un combat d'avant-garde, le 3 septembre 1429, lorsqu'elle vint, avec le roi de France et son armée, assiéger Paris resté au pouvoir des Anglais. Dans les *Vigiles de Charles VII*, Martial d'Auvergne mentionne ainsi le fait, confirmé d'ailleurs par la *Chronique de la Pucelle* :

Puis le roy vint à Sainct-Denys,
Qui luy rendit obéissance,
Laigny avec le plat pays,
Dépendances et l'adjacence.

Outre, en procédant plus avant,
Son ast, tira à La Chapelle,
Et de là au Moulin à vent,
Où y eut escarmouche belle.

Les Anglais qu'estoient à Paris,
Tous ensemble se retirèrent,
Afin qu'ils ne fussent pris,
Et les murs si fortifièrent.

— Cinquante et un ans auparavant, le moulin à vent de La Chapelle avait été témoin d'une manifestation solennelle dont les historiens du temps nous ont conservé de très intéressants détails. L'empereur d'Allemagne, Charles IV, était venu en France, et, depuis Francfort jusqu'à Paris, on lui avait rendu tous les honneurs dus à sa dignité ; son fils Vinceslas, roi des Romains, ainsi qu'un grand nombre de princes et de chevaliers l'accompagnaient dans ce voyage, que l'amitié pour le roi de France, Charles V, et l'amour de la paix lui avaient fait entreprendre.

Le 4 janvier 1378, en sortant de Saint-Denis, l'empereur trouva sur son chemin le Prévôt de Paris, le chevalier du guet et leurs archers à cheval qui venaient à sa rencontre. Le prévôt des marchands et les échevins suivis de deux mille bourgeois choisis et bien montés, vêtus de robes mi-partie blanc et violet, étaient à quelque distance du Prévôt de Paris et du chevalier du guet. Ce fut le prévôt des marchands qui, après s'être avancé, porta la parole en disant à l'empereur :

« Très excellent prince, nous, les offi-
« ciers du roi à Paris, le prévôt des mar-
« chands et les bourgeois de sa bonne
« ville, nous venons faire révérence et
« nous offrir à faire vos bons plaisirs ;
« car ainsi le veut le roi, notre sire, et le
« nous a commandé. »

Le roi, accompagné des princes et des évêques en chape, fut au devant de l'empereur par le faubourg Saint-Denis. Leur rencontre eut lieu entre La Chapelle et le Moulin à vent. Après le premier cérémonial, le roi céda la droite à l'empereur, et donna la gauche au roi des Romains ; puis ils entrèrent ainsi dans Paris (1).

Mais voici un exemple plus précis de l'attaque et de la défense d'un moulin, et dont justement la scène s'est encore passée à La Chapelle, sur les hauteurs de la Goutte-d'Or. C'était au lendemain de la bataille de Saint-Denis, c'est-à-dire le 11 novembre 1567, en pleine guerre de la Réforme. On sait qu'après bien des prodiges de valeur accomplis de part et d'autre, et également funestes aux deux partis, la victoire était restée incertaine entre les calvinistes et l'armée du roi. Condé et Coligny avaient dû abandonner le champ de bataille aux catholiques ; mais ceux-ci, en se retirant sous les murs de Paris, emportaient leur chef expirant, le vieux connétable Anne de Montmorency. Ce qui fit dire au maréchal de La Vieilleville que le roi consultait sur le résultat de cette déplorable affaire : « Sire, ce n'est point « Votre Majesté qui a gagné la bataille, et « encore moins le prince de Condé, mais « bien le roy d'Espagne ; car il y est mort « d'une part et d'autre tant de valeureux « seigneurs, si grand nombre de noblesse, « de vaillants capitaines et de braves sol- « dats, tous de la nation française, qu'ils « étoient suffisants pour conquester la

(1) *Les Grandes Chroniques de France*, loc. cit. T. IV, p. 370.

« Flandre et les Pays-Bas, et les réincor-
« porer à vostre couronne de laquelle ils
« sont autrefois sortis (1).

Or, l'armée protestante se tenait si peu pour battue, qu'elle risquait dès le lendemain un retour offensif, sous la conduite de Dandelot, frère de l'amiral Coligny. Elle s'avança ainsi jusqu'à l'entrée des faubourgs de Paris, brûlant tout sur son passage, notamment les moulins de La Chapelle. Mais il s'en trouva un qui n'était pas en bois comme la plupart des autres, mais de pierre, et que l'armée royale avait fortifié au moyen d'un fossé et d'une palissade.

Le capitaine Guerry, un Parisien, l'occupait avec un petit détachement, résolu de se bien défendre. Dandelot, irrité de la résistance de ce moulin tandis que tout cédait à ses coups, prit le parti de le forcer et en donna le soin à deux de ses officiers, Valfenière et Beauregard, qui commandaient un gros parti d'infanterie. Mais après plusieurs attaques sans résultat, ils furent si vivement repoussés par Guerry, que Dandelot dut ordonner la retraite, tout en faisant sonner les trompettes comme s'il eût été victorieux. Bien que cette affaire ne fût en elle-même qu'une bagatelle, elle fit beaucoup d'honneur à

---

(1) *Mémoires du maréchal de La Vieilleville*. T. IX, p. 377.

Guerry, qui fut élevé au grade de colonel. Le moulin a depuis porté son nom (1).

La bataille de Saint-Denis eut un spectateur que nous ne pouvons oublier, c'est le chambrier du Grand Turc, que la cour promenait depuis les conférences de Bayonne, et qui avait été convié avec les principaux de Paris, d'aller à Montmartre voir le spectacle du combat : « Ce qui, dit « Agrippa d'Aubigné, a été jugé une im- « prudence de laisser voir à cet ambassa- « deur un roi, que son maître tient être le « plus grand des chrétiens, avoir des su- « jets qui osent présenter des batailles « sous sa moustache. » Quoi qu'il en soit, il paraît qu'à la vue de tant de bataillons et d'escadrons se chargeant et s'enfonçant, avec une si belle ardeur, l'envoyé de Sa Hautesse ne put s'empêcher de s'écrier par deux fois : « Oh ! si le Grand Seigneur « avait deux mille hommes de même que « ces blancs pour mettre à la tête de cha- « cune de ses armées, l'univers ne lui du- « rerait que deux ans ! (2) »

A côté de ces brillants souvenirs, il y a malheureusement l'histoire moins populaire des sacs de blé tirés des moulins de

---

(1) De Thou, *Histoire universelle*, Londres 1734, t. V, p. 377.

(2) Agrippa d'Aubigné, *Histoire universelle* (publ. par la Société de l'Hist. de Fr.). Paris, 1887, in-8°, t. II, p. 249.

Montmartre pendant l'affreuse année de disette du règne de Louis XVI, transportés à petites journées jusqu'au Havre, puis rapportés par bateaux à son de trompe comme provenant d'un arrivage d'Amérique, et vendus au poids de l'or. C'est une page à laisser dans l'ombre avec le factum où elle a été publiée, en 1802, pour le compte d'un ancien fournisseur de la République, contre plusieurs personnages accusés de concussion et dont les noms nous importent peu (1). Voici d'ailleurs une consolante compensation.

En 1814, lors de la première invasion des alliés, les moulins de Montmartre ont été illustrés par des actes de patriotisme et de bravoure si héroïques que l'histoire doit en perpétuer la mémoire.

---

(1) Sans l'extrême obligeance de M. Jean Alesson, homme de lettres, nous ignorerions cette histoire qui se trouve relatée à la page 5 d'un document imprimé dont il nous a signalé l'existence, et qui est intitulé : *Mémoire à consulter*, pour le cit. Phil. Bern. Adam, ancien fournisseur de la République..., accusateur et demandeur ; contre le cit. Delaroche, un de ses commis..., accusé et défendeur, et contre le cit. Liège, ci-devant juge de paix, prévenus de forfaiture ; en présence du cit. Gay, magistrat de sûreté du 5e arrond. du départ. de la Seine, peut-être encore plus coupable, adressé au premier magistrat de la Républ. franç. A Paris, an X (1802), in-4o.

Malgré les avantages incontestables de sa situation, Montmartre n'avait été armé que de neuf pièces de canon, sept au moulin de la Lancette et deux au moulin Neuf, les deux saillants extrêmes d'est et d'ouest de la butte : avec trois pièces de réserve, c'était tout ce qui pouvait tirer utilement de ces hauteurs, le 30 mars 1814.

Le matin, après avoir installé son quartier général au Château-Rouge, le roi Joseph passait en revue les gardes nationaux qui servaient les batteries : « Tenez bon, « Messieurs, s'écria-t-il pour les électri- « ser, Napoléon est à La Villette ! » La nouvelle était fausse. C'étaient les Prussiens et non l'empereur qui étaient à La Villette. Les canonniers se firent hacher sur leurs pièces, qu'ils gardèrent cependant. Parmi eux se trouvaient quatre meuniers du nom de Debray, c'étaient les quatre frères ; criblés de coups de baïonnettes, les trois plus jeunes furent laissés pour morts. Le soir même, la capitulation de Paris eut lieu.

L'aîné des Debray servait encore avec son fils les pièces qui étaient braquées devant leur moulin, quand l'ordre de cesser le feu fut apporté. Ce brave avait résolu de venger ses frères ; il attendit qu'une colonne ennemie fut à portée, et envoya sur elle deux bordées de mitraille. C'étaient des Russes. Ils se ruèrent sur la batterie ; les volontaires soutinrent le choc ; mais, accablés par le nombre, ils durent céder. Le commandant russe exigea que celui qui avait commandé le feu lui fût livré, ou que des prisonniers allaient être fusillés. Debray sortit des rangs et, au moment où l'officier mettait la main sur lui, il le tua d'un coup de pistolet. Massacré sur-le-champ par l'ennemi en fureur, son cadavre fut coupé en quatre morceaux et attaché à chacune des ailes du moulin.

La nuit suivante, la veuve de ce héros vint détacher ses restes et les fit porter, dans un sac à farine, au petit cimetière de l'église Saint-Pierre, où sa tombe existe encore. Son fils avait été cloué d'un coup de lance à l'arbre du moulin, dans l'intérieur duquel il s'était réfugié. Il survécut, comme par miracle, trente ans à cette horrible blessure, ne pouvant plus absorber que du lait, car il avait eu l'estomac lésé.

C'est de son arrière-petit-fils, M. Auguste Debray, propriétaire foncier actuel du *Moulin de la Galette*, que nous tenons le récit de ce drame affreux. Le moulin qui en fut la scène porte encore, comme autant de glorieuses cicatrices, la trace des boulets russes qui l'ont atteint en 1814. Ce vénérable débris de la meunerie montmartroise, autrefois connu sous le nom de *Bul-à-fin*, est celui-là même, avons-nous dit, qu'aurait visité Etienne Marcel ; il sert aujourd'hui de belvédère aux nombreux clients du *Moulin de la Galette*, qui, pour la plupart, ne se doutent guère de ses hauts faits.

Avec des titres aussi honorables, la famille Debray aurait encore, paraît-il, l'avantage de pouvoir compter plus de seize quartiers de noblesse de farine ; car, toujours au dire de M. Auguste Debray, elle possède des parchemins où ses ancêtres figurent, dès le quatorzième siècle, comme meuniers fermiers de l'abbaye. Ce n'est que vers 1640 qu'ils seraient devenus propriétaires de leurs moulins.

III. — Les Moulins au XVIIIe siècle

Au dix-huitième siècle, il y avait encore plus de vingt-cinq moulins, tant sur les hauteurs qu'aux abords de Montmartre ; à l'aide des plans de cette époque (1), il est aisé, non seulement d'en retrouver la place, mais aussi d'en rétablir la pittoresque nomenclature, dont quelques noms de rues ont longtemps conservé la marque.

Ainsi, du côté du couchant, on voyait : le *Moulin des Prés*, le *Moulin de la Fontaine Saint-Denis*, le *Moulin de la Béquille*, du nom de la pièce de bois avec

(1) Voir le plan de Roussel de 1730, le plan de Deharme de 1763, le plan de Verniquet de 1793, et la carte topographique de la paroisse et l'abbaye royale de Montmartre rapportée à l'époque actuelle (1848 à 1858) de M. Carles.

laquelle on faisait virer le moulin sur sa base, comme avec la barre d'un gouvernail ; le *Moulin Vieux*, le *Moulin Neuf*, le *But-à-fin*, le *Radet* et le *Moulin des Brouillards*. Puis, le long d'un chemin successivement appelé rue des Moulins et rue de Norvins, venaient la *Vieille Tour*, la *Grande Tour*, et la *Petite Tour*, tous trois ainsi appelés parce qu'ils étaient de pierre et de forme circulaire ; puis le *Moulin du Palais*, un peu en avant d'une habitation de plaisance qui fut par la suite la maison de santé du docteur Blanche. Ce dernier moulin avait emprunté sa pompeuse dénomination du lieudit auquel il appartenait, et qui passait pour avoir jadis possédé un temple consacré à Mercure ; car, dans les anciens titres de l'abbaye, cet endroit appelé, tantôt *terres du Mont de Mercure*, tantôt *terres du Temple de Mercure* ou *terres du Temple*, avait pris plus tard le nom de *terres du Palais*, par un effet du zèle pieux et naïf des religieuses qui pensaient ainsi bannir de leur montagne tout souvenir du paganisme (1).

Du côté du levant, il y avait encore trois moulins : le *Moulin Paradis*, *la Turlure* et le *Moulin de la Lancette* ; ce dernier, appelé aussi *Moulin des Tempêtes* sur le plan de Roussel, était situé à quelque dis-

(1) H. Sauval. *Hist. et rech. sur les antiquités de Paris*. T. Ier, p. 350.

tance en arrière du chevet de l'église Saint-Pierre, et figurait, en 1768, dans les comptes du monastère comme étant affermé à la veuve Gareau pour 350 livres (1). Un peu avant la Révolution, il était passé aux mains d'une très riche famille qui habitait alors, du côté de la chaussée Clignancourt (2). Le souvenir de cette famille est resté attaché au nom d'une rue du voisinage, la *rue Feutrier*.

Au delà de Clignancourt, on rencontrait d'abord le *Moulin des Couronnes*, l'un de ceux, au nombre de cinq, qui couronnaient le coteau de la *Goutte-d'Or*, alors très vignoble ; le chemin qui conduisait à ce moulin a porté le nom de *rue des Couronnes* avant de devenir la rue Polonceau. Puis, en suivant, venaient le le *Grand moulin*, le *Petit moulin* et le *moulin Neuf* ; tous les trois étaient situés dans la censive des Pères de la Mission de Saint-Lazarre, dont l'enclos leur faisait vis-à-vis ; suivant un acte de partage passé le 17 septembre 1768 entre les trois frères Laforge, un puits est déclaré commun à ces trois moulins (3). Enfin le

---

(1) E. de Barthelemy, *Recueil des Chartes de l'Abb. de Montmartre*. Paris 1883, in-8°, p. 293.

(2) Chéronnet, *Hist. de Montmartre*, Paris 1843, in-8°, p. 66.

(3) Archives nationales, Saint Lazarre, S. 6722.

Moulin Noir, le dernier des cinq moulins de la Goutte d'or. C'est assurément dans ces parages que se trouvait la fameuse tour de pierre du *Moulin Guerry*, dont nous avons raconté précédemment les exploits.

Rappelons aussi que le large chemin, qui longeait le pied du coteau des Cinq-Moulins, est à présent la *rue de la Goutte-d'Or*, après avoir été la *rue des Cinq-Moulins*, nom qu'a aussi porté, pour commencer, une des voies les plus modernes de ce quartier, la rue Stephenson. Quant à la dénomination de *Goutte d'or* (1), elle a son origine dans l'enseigne d'un cabaret qui était situé, au siècle dernier, à l'extrémité du quartier de la Nouvelle-France, au point où aboutissait le chemin des Poissonniers en venant de La Chapelle.

Du côté de Paris, vers l'entrée du faubourg Saint-Lazarre, on voyait aussi trois moulins : le premier, sur le bord de la chaussée, dans le petit enclos du séminaire Saint-Charles, maison de convalescence des Pères de la Mission (2), dont l'emplacement est à peu près marqué aujourd'hui par le théâtre des *Bouffes-du-Nord* ; les deux autres, à hauteur du pré-

(1) Archives nationales, Saint Lazarre. S. 6722.

(2) Archives nationales, Saint Lazarre. S. 6594, 6595 et 6596.

cèdent, sur la droite de l'ancien chemin de La Chapelle (actuellement rue Philippe-de-Girard), que, dans cette partie, le plan de Verniquet désigne sous le nom peu engageant de *chemin des Potences*. L'un de ces deux derniers, par sa dénomination champêtre, semblait faire oublier la nauséabonde proximité d'une voirie, c'était le *moulin des Sureaux*; l'autre, le *moulin des Potences*, rappelait, de sinistre mémoire, une succursale de la *grande justice* de Montfaucon, établie en cet endroit pour le compte de la prévôté du roi en 1416 (1). Les fossés très profonds qui entouraient ce gibet servirent plus tard de dépotoirs : d'où est résultée l'appellation *rue de la Voierie*, ou bien *des Fossés-Saint-Martin* que reçut, par la suite, un chemin de traverse voisin, absorbé depuis par la rue de la Butte-Chaumont (à présent rue Louis-Blanc).

Le *moulin des Sureaux* et le *moulin des Potences* se trouvaient aussi dans la censive des Pères lazarristes. Ajoutons que le *moulin des Sureaux* dépendait d'une maison importante, située entre le chemin de La Chapelle et celui conduisant aux Vertus, qu'on appelait le *Château-Landon* ou *Maison-Rouge*, et qui appartenait à Jean Robert, curé d'Egry-en-Gâ-

(1) H. Sauval, *Hist. et recherches sur les Antiquités de Paris*, t. II, p. 613.

tinais, de 1687 à 1708 (1). Sur le plan de Jouvin de Rochefort de 1672, la partie intra-muros actuelle du chemin des Vertus est déjà désignée sous le nom de *Château-Landon*, qu'elle a d'ailleurs conservé, tandis que la partie extra-muros est devenue la *rue d'Aubervilliers*.

Après avoir longé le mur de l'enclos de Saint-Lazarre qu'animait aussi le branle d'un moulin, se dressant à quelques pas en arrière des bâtiments conventuels qui servent aujourd'hui de prison pour femmes, on découvrait le *moulin du Pavé* et le *moulin des Champs* sur le bord d'un chemin de culture baptisé plus tard du nom d'une abbesse de Montmartre, Mme *de la Tour d'Auvergne*.

Puis, dans la direction du château des Porcherons, on rencontrait les ruines du *moulin de la Tour des Dames* transformé en colombier et marquant, pour ainsi dire, l'extrême limite du domaine abbatial de Montmartre. Ce moulin était fort ancien, car on le voit déjà figurer sur un état des propriétés de l'abbaye dressé le 11 février 1383, où il est mentionné comme étant situé derrière un petit hôtel assis en la censive de Sainte-Opportune, au lieu dit *les Marais-sous-Montmartre*, et rappor-

(1) Archives nationales, *Saint-Lazarre*, S. 6594, carton 9, art. 8.

tant six livres de rente (1) ; de plus, il est indiqué dans un registre des ensaisinements de Saint-Germain-l'Auxerrois en 1494 (2).

C'est assurément de ce moulin qu'il s'agit dans le bail que Catherine Havard, abbesse de Montmartre de 1594 à 1598, passa avec Martin Levignard, meunier, demeurant sur la paroisse Saint-Laurent, sous la condition de bien entretenir ledit moulin, de payer tous les ans à l'abbaye quarante-huit livres, et de faire moudre tous les blés nécessaires à la nourriture des religieuses et de leurs domestiques ; dont acte a été dressé par Jean Chappelain et Pierre Leroux, notaires au Châtelet de Paris (3).

---

(1) E. de Barthélemy, *Recueil des Chartes de l'abbaye de Montmartre*, p. 200.

(2) Jaillot, *Recherches sur la ville de Paris*, Paris 1772, t. II, p. 19.

(3) Chéronnet, *Hist. de Montmartre*, p. 123. — Il ne faut pas confondre le moulin de *la Tour-des-Dames* avec le *moulin des Dames* sur la rivière d'Essonne, au sujet duquel l'abbesse Jeanne de Valengoujard plaida contre la reine Blanche d'Evreux, seconde femme de Philippe VI. — Ce moulin et les maisonnettes qui l'avoisinaient étaient marqués au signe de la Crosse (armes de l'abbaye). Cependant, le procureur du roi en la châtellenie de Grès, au baillage de Senlis, au mépris des droits de l'abbaye de Montmartre, fit effa-

Dès le commencement du siècle dernier, le *moulin de la Tour-des-Dames* devait avoir cessé de jouer des ailes, car, en 1717, l'abbesse, Mme de Bellefond, n'en affermait plus que les bâtiments à Pierre Langlois, marchand de chevaux (1). Enfin, sur l'état des revenus de l'abbaye de 1763, il n'est plus question, en cet endroit, que d'un terrain clos de murs, appelé *la Tour-aux-Dames*, tenu par un certain M. de Saint-Germain, suivant bail emphythéotique du 3 septembre 1748, moyennant cent cinquante livres par an (2). La tour n'a été détruite qu'en 1822, et dans ses murs épais on a trouvé une petite provision de vin, mis en bouteille du temps

cer les armes de cette abbaye et les remplaça par une fleur de lys. Quelque temps après, la châtellenie de Grès ayant été donnée à la reine Blanche, l'abbesse et les religieuses de Montmartre lui présentèrent requête en se plaignant qu'elles étaient troublées dans leur possession. Après enquête faite, il fut décidé, par sentence rendue aux assises de Grès, du 25 juin 1256, que la possession des religieuses était immémoriale et légitime, et que les armes de l'abbaye seraient, conjointement avec la fleur de lys, appliquées sur les maisons, celle-ci placée au-dessous ou à côté, suivant le bon plaisir de l'abbesse (Chéronnet, p. 77 et 78.)

(1) Lefeuve, *Les anciennes maisons de Paris*, t. II, p. 501.

(2) E. de Barthélemy. *Loc. cit.*, p. 293.

de Henri IV : trop de vieillesse l'avait décomposé. Un chemin faisait cercle autour du moulin seigneurial, dont on retrouverait la place dans un hôtel primitivement destiné au prince Paul de Wurtemberg, mais achevé pour M. Baillot, pair de France, ayant pour fille Mme de Béhague, et dans ces derniers temps à M. Lestapis. Son souvenir est encore conservé par le nom d'une rue voisine, la *rue de la Tour-des-Dames*.

Pour terminer cette revue des anciens moulins de Monmartre, il ne nous reste plus qu'à remonter le chemin de Clichy pour gagner, près de notre point de départ, le pied du versant occidental de la butte où se trouvait le *moulin de la Poule*, qui faisait partie d'un trio de moulins connus sous le nom collectif de *moulins des Batignolles*. Ils étaient situés sur un mamelon factice formé par les dépôts successifs des déblais de carrières ; le chemin qui le contournait s'appelait le *chemin du Moulin* : aujourd'hui, c'est l'*impasse Hélène*, du nom d'un propriétaire qui fit ouvrir, dans le voisinage, une rue dont il fut également le parrain.

IV. — Les Moulins cabarets et les derniers moulins.

Cependant, il faut bien le dire, les moulins de Montmartre ne doivent pas seulement à leur farine la notoriété dont ils ont joui pour la plupart, par la raison qu'il n'y avait pas de meunier là-haut qui ne fût un tant soit peu cabaretier. Leur situation pittoresque, les riants points de vue dont ils étaient environnés, en fai saient, en effet, autant d'agréables stations goûtées des promeneurs, qui, de tous temps, ont dû s'y arrêter pour humer le pot en joyeuse et galante société.

D'après l'auteur du *Dictionnaire historique, topographique et militaire des environs de Paris*, publié en 1817, les moulins de Montmartre étaient encore dans toute leur vogue au commencement de ce siècle. Chacun d'eux était une guinguette, où dimanches et fêtes les gens du pays, les ouvriers plâtriers, et surtout grand nombre de Parisiens, venaient se divertir. On y buvait le petit vin en mangeant des crêpes. La meunière était avenante, le meunier complaisant ; on gambadait, on se balançait, on montait à âne. La meunière et sa poêle étaient en permanence comme le clairet du meunier, qui, mieux que les violons, mettait vite en branle cœurs, têtes et jambes... (1).

Mais il y a beau temps qu'il n'y a plus là-haut de meunière avenante, ni de meunier

(1) *Hist. de Paris, de ses barrières et de sa banlieue, etc.*, par B. R. Paris 1851, un vol. in-12, p. 119 et 120.

complaisant ; plus de farine, de poêles et de crêpes ; plus d'ânes même au service des écuyers à la Sancho Pança..., si bien que l'Académie de Montmartre est passée à l'état de mythe.

En fait de moulins, la butte n'en compte plus que trois, et quels moulins ! trois spectres immobiles, véritables figurants de la mort, indifférents au souffle du vent qui les animait si gentiment jadis. En revanche, les cabarets leur ont survécu en se multipliant ; mais le petit bleu qui s'y débite n'est plus cet antique jinglet, dont les vertus diurétiques étaient célébrées par le distique plusieurs fois séculaire que nous avons eu déjà l'occasion de citer, mais dont la grivoiserie n'en permet point de faire une trop fréquente répétition.

Quant aux moulins disparus, il faut se hâter d'interroger les anciens Montmartrois qui furent témoins de leur départ, ces précieux témoins deviennent, hélas ! de plus en plus rares. Ils vous diront que le moulin de *la Lancette*, qui déjà s'affaissait au commencement du siècle, fut abattu en 1827, par suite de l'exploitation souterraine d'une carrière à plâtre qui avait miné sa plate-forme, au risque d'ensevelir avec lui le meunier et sa famille qui l'habitaient encore. Dix ans auparavant, le moulin *Paradis* avait d'ailleurs subi le même sort pour un semblable motif. Sur l'ancien emplacement de *la Lancette*, un cabaretier fit ériger, en 1859, sur les dessins de l'architecte Hannequier, le restaurant aérien de la *Tour de Solférino*. Décapitée en 1870, parce qu'on supposait qu'elle pouvait servir de point de mire aux canonniers allemands, cette tour fut enfin rasée trois ans plus tard pour faire place à la chapelle provisoire du Sacré-Cœur.

On vous racontera de même que le moulin de *la Turlure*, qui était situé dans les mêmes parages et dont on ignore la fin, était tenu, vers 1800, par l'un des ancêtres de M. Wiggishoff, le maire actuel de Montmartre (1).

On vous dira encore que, de l'autre côté de la butte, le moulin *des Brouillards* s'en est allé, il y a une soixantaine d'années, déployer ses ailes dans la plaine de Montrouge, ne laissant d'autre trace, à une rue voisine, que son pittoresque vocable, troqué depuis, par la singulière manie de nos édiles, contre celui de *Girardon*.

---

(1) Nous ne connaissons pas autrement ce moulin que par une communication que nous a faite M. Wiggishoff, et nous n'avons trouvé son nom nulle autre part que dans cette communication.

Ce moulin, dont on pourrait actuellement marquer l'emplacement rue Lamark au-dessous de la propriété Collard, avait pour meunier au commencement de ce siècle, un sieur Duhamel bisaïeul maternel de M. Wiggishoff.

On peut encore vous montrer à l'entrée de la rue Girardon, vis-à-vis des moulins Debray, les caves du moulin de la *Grande Tour*, dit aussi la *Tour à Rollin*, ainsi que celles de la *Vieille-Tour*, non loin du moulin du *Palais*, dont la substruction circulaire domine encore la rue Lepic à hauteur de la petite rue de la Mire.

Il n'y a pas longtemps, on voyait aussi la base de celui des trois moulins des Batignolles qui, à l'enseigne du *Moulin-Joli*, eut également sa vogue cabaretière, vers 1848 : le monticule factice qui le supportait, récemment dévasté par un incendie, vient d'être nivelé pour faire place à plusieurs maisons de rapport.

Quelques aimables vieillards de La Chapelle se souviennent enfin que, dans leur première jeunesse, ils allaient par un sentier bordé d'aubépines (aujourd'hui la *rue des Gardes*), manger des œufs et boire du vin du cru au moulin du père Fauvet, le dernier survivant des moulins de la Goutte-d'Or, dont les derniers vestiges viennent d'être emportés par suite des récentes transformations du quartier, ainsi que le puits banal dont nous avons parlé.

Avant de finir, il nous faut revenir sur le compte des trois moulins qui subsistent à Montmartre, nous en rapportant, à défaut de documents plus authentiques, aux obligeantes communications de M. A. Debray, leur propriétaire actuel.

Deux de ces moulins, le *But-à-fin* et le *Radet*, nous sont déjà connus. Le *But-à-fin*, ou plutôt le *Blute-fin*, comme le prétend, en qualité d'ancien meunier, M. Auguste Debray, aurait été construit en 1295, à la place même qu'il occupe encore. Les sceptiques pourront en douter, ou tout au moins le comparer au couteau de Jeannot.... Nous sommes bien forcé de les laisser dire.... A l'époque où Etienne Marcel vint rendre visite à ce moulin, les ancêtres des Debray l'exploitaient déjà comme meuniers-fermiers des Dames bénédictines de Montmartre ; ils en étaient certainement propriétaires au moment de la Révolution, et l'on sait de quel éclat ils l'ont illustré en 1814.

Quant au *Radet*, celui-là même qu'on appelle le *moulin de la Galette*, ses parchemins sont encore plus anciens, car on le fait remonter à 1268 ; mais où sont ces parchemins ?.... De plus, il aurait été amené, de la butte Saint-Roch à Montmartre, sous le règne de Louis XIII. Plusieurs fois déplacé, il n'occupe son emplacement actuel que depuis 1834.

Le troisième et dernier moulin que la butte possède encore est situé dans le petit jardin réservé de Mme Debray mère ; mais il est beaucoup plus petit que les deux autres. En revanche, il est aussi nomade que le précédent, car il vient de Montrouge. On pourrait presque le considérer comme un intrus, son arrivée à Montmartre ne datant guère que de 1830. Il ne nous reste plus qu'à dire quelques mots sur les origines du bal du *moulin de la Galette*.

Au commencement du siècle, les Debray ne débitaient encore que du lait et des petits pains de seigle aux promeneurs qui s'arrêtaient à leur moulin. A la fois meuniers et cultivateurs, ils possédaient une trentaine de vaches et plusieurs arpents de terre dans les environs et à la barrière de Clichy, où les anciens se rappellent très bien avoir rencontré leurs charrues. Devenu par la suite un cabaret fort achalandé, où la pâtisserie et le petit bleu avaient remplacé le laitage et le pain bis, c'est seulement vers 1833 que le moulin Debray subit la transformation qui en fit désormais un temple voué à Terpsichore.

En ce temps-là, son propriétaire était le *petit père Debray*, ainsi qu'on l'appelait. C'était un amateur passionné de la danse, et il passait pour être le plus léger et le plus gracieux batteur d'entrechats du pays. Le Vestris de Montmartre aimait à réunir à son moulin les jeunes gens de l'endroit pour leur enseigner son art favori et les grâces du maintien qu'on y doit apporter. Il le fit tout d'abord pour le seul amour de l'art, et ce n'est qu'après coup que l'idée lui vint de tirer profit de son académie chorégraphique. Ainsi fut fondé le bal public du *moulin de la Galette*. L'entreprise réussit à merveille. Depuis plus de vingt ans, les moulins *Radet* et *But-à-fin*, n'ayant plus besoin de gagner leur vie à moudre du grain, se reposent sur leurs lauriers et leurs écus, sans s'émouvoir, dans leur quiétude prospère, de la voltige des innombrables bonnets qui hantent leurs ailes depuis plus d'un demi-siècle.

LA

PORCELAINE DE CLIGNANCOURT

En terme de céramique, pourquoi ne dirait-on pas le *vieux Clignancourt*, puisqu'on dit le *vieux Sèvres*? Il est vrai que, s'il y a du Sèvres moderne, il y a bel âge qu'on ne fabrique plus de porcelaine à Clignancourt. C'est tout au plus si quelques vieillards indigènes s'en souviennent ; ils vous diront bien que jadis, au temps de leur enfance, ils ont encore vu, dans les parages montmartrois, certains moulins tourner, dont les meules broyaient du silex à l'usage de l'industrie céramique.... mais il y a si longtemps !.... et puis, les moulins ne sont plus là pour en témoigner. Peu importe, un fait certain, c'est qu'on a fabriqué de la porcelaine à Clignancourt, et, qui plus est, de très belle porcelaine ; ce qui en subsiste est aujourd'hui d'un âge respectable, puisqu'il date de cent, et même de cent vingt ans. Mais alors, m'objectera-t-on, c'est bien du *vieux Clignancourt*? Soit ! si l'on veut jouer sur les mots.

D'après le *Guide des amateurs et des voyageurs étrangers à Paris* de Thiéry(1), il n'y avait, à Clignancourt, qu'une seule chose de remarquable : c'était une manufacture de porcelaine. Elle avait été établie, en 1771, par Pierre Desruelles (2), qui n'en déposa la déclaration qu'en janvier 1775 ; sa marque était un moulin. Au mois d'octobre de la même année, il obtint le patronage et une subvention de Monsieur, le comte de Provence, — depuis Louis XVIII, — et signa du chiffre de ce prince.

Quatre-vingt-quatorze ouvriers étaient journellement employés à cette usine, qui produisait tout ce qui concerne le service de table et la décoration ; la pâte et la couverte étaient tirées de la manufacture royale de Limoges qui alimentait celle de Sèvres. La fabrique de Clignancourt a produit de véritables œuvres d'art, parmi lesquelles il faut surtout mentionner les deux bénitiers qu'on voyait, au siècle dernier, à l'entrée de l'église Saint-Pierre de Montmartre : ils étaient supportés par des consoles et surmontés par des groupes

(1) Thiéry, *Guide des amateurs et des voyageurs étrangers à Paris*, Paris 1787, 2 vol. in-12, t. Ier, p. 467.

(2) Le nom de Desruelles figure parmi les officiers municipaux de Montmartre en 1791 avec le titre de *procureur de la Commune*.

d'anges de la composition du fils de Desruelles.

« Dès ses débuts, dit Jacquemart dans « son *Histoire de la céramique*, la por- « celaine de Clignancourt est recomman- « dable par la beauté de sa pâte et la grâce « de ses peintures ; ainsi, parmi les pièces « produites pendant les neuf premiers « mois et marquées au moulin, il en est « déjà de fort remarquables (1). »

Le musée de Sèvres en possède un curieux spécimen, ainsi qu'un autre marqué d'une vignette à jour surmontée d'une couronne de prince du sang. Les deux L croisées, imitation du chiffre royal, avec la lettre B rappelant sans doute le nom de Bourbon, constituaient en quelque sorte une usurpation de signature ; mais elles ne furent pas de longue durée. On y substitua d'abord une seule M, initiale du mot Monsieur, puis trois lettres entrelacées, L, S, X, — Louis-Stanislas-Xavier, prénoms du comte de Provence : — comme la précédente, ces deux marques sont surmontées de la couronne de prince du sang. Les pièces les moins anciennes sont signées, soit d'une M tout simplement, sans couronne, soit encore de la même lettre, mais avec le mot Clignancourt au-dessus. Il y a tout lieu de penser, suivant Jacque-

(1) A. Jacquemart, *Histoire de la céramique*, Paris 1873, 1 vol. in-8°, p. 659, 660.

mart, qu'il faut y voir le chiffre de Moitte, le successeur de Desruelles, plutôt que l'initiale de Monsieur.

Plusieurs autres pièces de porcelaine de Clignancourt se trouvent encore au musée des arts décoratifs ; elles sont, pour la plupart, ornées de petits bouquets polychrômes et rehaussées par des bordures ou filets d'or : ce sont, en réalité, des imitations, sinon des contrefaçons de Sèvres. La fabrique de Clignancourt, comme toutes celles de Paris, copiait plus ou moins la manufacture royale. Quoi qu'il en soit, les échantillons qui en restent sont d'une rareté à désespérer les collectionneurs les plus passionnés.

Michel de Trétaigne (1) nous apprend que cet établissement existait encore en 1795, et qu'il était situé au n° 35 de la rue Saint-Denis du 18e arrondissement. Le nom et le numéro de cette rue ont changé; actuellement, c'est le numéro 53 de la rue du Mont-Cenis. Seulement, Michel de Trétaigne fait erreur en attribuant cette usine au comte d'Artois. Il est suffisamment établi que c'est le comte de Provence qui en était le protecteur, sinon le propriétaire en nom.

Le comte d'Artois avait aussi, il est

(1) Michel de Trétaigne, *Montmartre et Clignancourt*, Paris 1862, un vol. in-8°, p. 234.

vrai, sa manufacture de porcelaine ; Jacquemart en a également parlé (1) : elle était située dans le faubourg Saint-Denis, du côté de la foire Saint-Laurent ; c'était même la plus ancienne de celles établies à Paris ; car, en fait de mode, le comte d'Artois ne restait jamais en arrière, mais bien au contraire.

En effet, depuis que Louis XV, sous l'inspiration de Mme de Pompadour, avait fondé la manufacture de Sèvres, c'était devenu une vogue pour les grands seigneurs de suivre le royal exemple. Ainsi, le prince de Condé faisait fabriquer de la porcelaine en son propre domaine de Chantilly ; au château de Bagnolet, un fils du Régent, Louis d'Orléans, avait installé un laboratoire, dans le but spécial de chercher la pierre philosophale de cette époque, c'est-à-dire la porcelaine de Chine, dont le secret n'était encore connu qu'en Saxe et y était sévèrement gardé. Aussi, dès la découverte du kaolin de Limoges, qui résolut cet intéressant problème, vit-on les membres les plus proches de la famille royale rivaliser d'ardeur dans la protection de la céramique française, appelée à rayonner ainsi d'un nouveau lustre. Marie-Antoinette, qui ne voulait être en rien distancée, surtout comme influence, par ses deux beaux-frères, les comtes d'Ar-

(1) A. Jacquemart, *loc. cit.*, p. 656.

tois et de Provence, avait aussi, à Paris, sa manufacture de porcelaine : on l'appelait la *manufacture de la Reine*, et elle était située rue Thiroux, — aujourd'hui rue Caumartin prolongée.

Le numéro 53 de la rue du Mont-Cenis appartient à présent à M. Marchand. La grand'mère de Mme Marchand, Mme Tardieu, parente de l'éminent docteur Tardieu, avait d'abord loué, puis acheté, il y a soixante à soixante-dix ans, cette maison, où depuis longtemps, paraît-il, on ne faisait plus de porcelaine. Le bâtiment, qui donne sur la rue, était la fabrique ; on n'y trouva plus, lors de l'acquisition de Mme Tardieu, que quelques débris de fourneaux et des moules brisés. La construction qui relie ce bâtiment à une sorte de grosse tour ronde, dont je vais essayer de dire un mot, ainsi que le pavillon d'aile en terrasse qui s'y rattache. ont été bâtis par l'aïeule de Mme Marchand.

Quant à la tour que je viens de signaler, les anciens de Clignancourt prétendent que c'est le reste d'un rendez-vous de chasse de Henri IV. Si l'on comptait, à Montmartre, toutes les vieilles bicoques qui passent pour avoir appartenu au Vert-Galant et à la belle Gabrielle, il y en aurait assez pour border les deux côtés de la rue Marcadet, qui n'a pas moins de trois kilomètres de long. Pour ma part, je crains bien que cette tour ne soit d'origine moins illustre, et qu'elle ne peut bien être que la cage circulaire, sinon d'un ancien colombier, du moins de l'un des modestes et laborieux moulins qui broyaient autrefois du silex pour la porcelaine de Clignancourt. Mais les jolis petits salons qu'on a su, depuis lors, aménager, d'une façon si heureuse, à chacun de ses étages, peuvent bien faire oublier la destination primitive de cette construction.

Je dois cependant dire que c'est grâce à l'excellente obligeance de Mme de Libran, fille de M. Marchand, le propriétaire actuel de ce pittoresque et gracieux logis, ainsi qu'au bienveillant accueil de son mari, M. de Libran, officier supérieur de notre marine militaire, que j'ai pu compléter sur place les quelques renseignements qui précèdent, et qui intéressent à la fois l'art décoratif et l'histoire du vieux Montmartre.

LE MONT-MARAT

Tout le monde sait que, pendant la Révolution, Montmartre a été appelé *Mont-Marat*. On peut encore s'assurer de ce fait par différents plans de Paris publiés à cette époque et surtout par un document devenu assez rare malgré son caractère presque officiel : l'*Almanach indicatif des rues de Paris suivant leurs nouvelles dénominations*, publié à Paris, chez Janet, rue Jacques, 31, an III. Parmi les rues qui ont changé de nom depuis la Révolution, on y cite celles auxquelles on a substitué le mot de *Mont-Marat* à celui Montmartre : ce sont la rue Montmartre, le faubourg Montmartre et la rue des Fossés-Montmartre. Mais ce qui reste peut-être ignoré, c'est la raison de cette substitution.

A ce sujet, Michel de Trétaigne, dans son *Montmartre et Clignancourt*, signale une délibération du Comité de surveillance de Montmartre du 21 messidor, an II. Malheureusement, lors de l'incendie qui dévora notre palais municipal en mai

1871, ce procès-verbal a disparu avec les archives de l'Hôtel-de-Ville, dont il faisait partie. Par suite, il est bien difficile de retrouver la trace authentique des circonstances qui ont motivé cette curieuse délibération.

Faut-il, dans *Mont-Marat*, voir un de ces mauvais jeux de mots par à peu-près, semblable à celui qu'ont commis nos modernes édiles en modifiant, comme on sait, l'ancien nom de la rue d'Enfer ? Cette interprétation a déjà été formulée par l'un de nos érudits parisiens les plus distingués, M. Paul Lacombe, dans la savante étude sur les noms des rues de Paris qu'il a inserée, en 1886, dans la *Revue de la Révolution*.

A notre avis, de telles facéties cadrent très mal avec les graves et sombres préoccupations de la Terreur. En ce temps-là, les gens qui siégeaient à l'Hôtel-de-Ville n'avaient guère le loisir, et encore moins le goût, de s'amuser à ces innocentes bagatelles renouvelées des parades de la foire et des boniments du pont Neuf.

Nous pensons, enfin, que c'est dans la coïncidence des faits, plutôt que dans le rapprochement des mots, qu'il faut chercher l'explication que nous demandons. Cette explication, nous croyons l'avoir rencontrée dans l'histoire même de Marat.

Le récit qui va suivre témoigne en faveur de notre opinion ; nous en avons puisé les éléments dans les numéros 70, 71 et 96 de l'*Ami du Peuple* et dans l'oraison funèbre de Marat prononcé par F. Guiraut le 9 août 1793.

Il n'y avait encore que deux mois et demi que Marat rédigeait son fameux journal l'*Ami du Peuple*; mais il y avait attaqué si violemment l'Assemblée nationale, la Commune de Paris, et surtout les juges du Châtelet, qu'un décret de prise de corps avait été lancé contre lui.

La Fayette, à la tête de douze mille hommes, va faire le siège de sa maison; Marat s'échappe, Sans domicile, sans ami, errant d'un faubourg dans un autre, il se réfugie à Versailles, où il est sur le point d'être arrêté. Alors, désirant se rapprocher de Paris, il trouve un asile dans ses environs. Mais il lui faut un souterrain, et c'est dans les carrières de Montmartre qu'il est réduit à se cacher. Pendant quinze jours, il y vécut à l'abri des recherches de ses ennemis; il y recevait sa feuille qu'il avait trouvé le moyen de faire reparaître à force de sacrifices. Des espions, mis aux trousses des libraires qu'il employait, découvrirent ses presses; elles furent saisies. D'autres limiers attachés sur les pas des amis qu'il revoyait encore découvrirent enfin sa retraite, et le samedi 12 décembre 1789, à la pointe du jour, il fut assailli par un détachement de vingt hommes sous la conduite du vice-président de Saint-Nicolas-du-Chardonnet. Obligé de se lever, on lui laisse à peine le temps de se vêtir, pendant qu'on enlève ses papiers. Puis il est emmené en voiture à l'Hôtel-de-Ville pour comparaître devant le Comité de recherches. Là, il confond ses adversaires, car il n'avait publié que la vérité. On a beau examiner les papiers; on ne peut rien arguer contre lui.

On le remit en liberté; mais ce ne fut qu'un court répit : Afin d'échapper à de nouvelles poursuites, il fut peu après obligé de se réfugier en Angleterre pendant quelque temps.

Pour nous, ce récit est suffisamment probant. La substitution de *Mont-Marat* à Montmartre ne doit pas avoir d'autre source.

Paris, Imp. J. Kugelmann, 12, rue Grange-Batelière.

www.ingramcontent.com/pod-product-compliance
Ingram Content Group UK Ltd.
Pitfield, Milton Keynes, MK11 3LW, UK
UKHW020403220726
13923UKWH00004B/1714

9 782019 681685